ÉGLISE

SAINTE-CATHERINE

DE HONFLEUR

RECHERCHES SUR SON ORIGINE. — RESTAURATION
DE L'ÉDIFICE. — INAUGURATION. — CINQUAN-
TAINE SACERDOTALE DE M. LE CURÉ-DOYEN. —
CÉRÉMONIE D'INAUGURATION. — ALLOCUTIONS
ET DISCOURS.

PRIX : 25 CENTIMES

HONFLEUR

IMPRIMERIE-LIBRAIRIE A. SATIE, RUE DE LA RÉPUBLIQUE

1887

ÉGLISE

SAINTE·CATHERINE

DE HONFLEUR

ÉGLISE

SAINTE-CATHERINE

DE HONFLEUR

RECHERCHES SUR SON ORIGINE. — RESTAURATION
DE L'ÉDIFICE. — INAUGURATION. — CINQUAN-
TAINE SACERDOTALE DE M. LE CURÉ-DOYEN. —
CÉRÉMONIE D'INAUGURATION. — ALLOCUTIONS
ET DISCOURS.

PRIX : 25 CENTIMES

HONFLEUR

IMPRIMERIE-LIBRAIRIE A. SATIE, RUE DE LA RÉPUBLIQUE
—
1887

AVANT-PROPOS

La Bénédiction, par Monseigneur l'Évêque de Bayeux, et l'inauguration de la partie nouvellement restaurée de l'église Sainte-Catherine de Honfleur ont eu lieu le 20 Mars 1887, et la paroisse fêtait en même temps la cinquantaine sacerdotale de son vénérable curé-doyen, M. l'Abbé Dallibert, chanoine honoraire de Bayeux, au zèle infatigable et à la persévérance duquel elle doit ces importants travaux, sans exclusion toutefois de la part légitime d'initiative et de concours qui en revient à l'administration locale. La magnifique cérémonie dont ce double événement a été l'objet a vivement ému ceux qui en ont été témoins, et les fidèles, heureux du succès d'une entreprise dont ils avaient quelquefois désespéré, ont éprouvé une satisfaction profonde à la vue de leur vieille et chère église, rajeunie et embellie, et parée, pour la circonstance, d'oriflammes, de verdure et de fleurs.

De telles impressions font époque dans la vie d'une paroisse ; il serait regrettable de n'en pas perpétuer le souvenir. On a donc pensé que tous ceux qui se sont associés aux efforts de leur pasteur posséderaient avec plaisir quelques documents constatant l'origine probable et le caractère de l'édifice, la nature et l'importance des travaux de restauration, et les diverses manifestations auxquelles a donné lieu son achèvement partiel.

Tel est le but de cette petite publication qui contient :

1° Une notice publiée en 1886 sur l'origine de l'église et le projet de restauration ;

2° Le vif, enthousiaste et véridique compte-rendu de la cérémonie d'inauguration publié par la Semaine Religieuse de Bayeux ;

3° L'allocution adressée à **Monseigneur** l'Evêque par M. le Curé-doyen, et la réponse analytique de l'éminent Prélat ;

4° Et le discours prononcé par M. le Chanoine Elie Méric, professeur honoraire à la Sorbonne.

⁎ ⁎ ⁎

II.

COMPTE-RENDU

DE LA

CÉRÉMONIE D'INAUGURATION

Publié par la *Semaine Religieuse* de Bayeux

Ce n'est pas à une fête, c'est à un vrai triomphe que nous avons assisté le Dimanche 20 Mars, sous les brillants rayons d'un premier soleil de printemps.

Oui, l'art, la foi et le cœur ont triomphé dans la double solennité de l'inauguration de la partie neuve de l'église Sainte-Catherine et de la célébration des noces d'or de M. l'abbé Dallibert, curé de la paroisse.

L'art a triomphé dans cet antique édifice, restauré à neuf, en dépit des découragements, des désespoirs et des critiques mêmes de ceux qui ne pouvaient croire à un succès si complet. Les deux absides et les deux chœurs se dressent maintenant, dominant majestueusement la place Sainte-Catherine et l'entrée du port et dessinant, avec un charme qui leur est propre, leurs élégantes fenêtres et leurs colonnes hardies.

Huit grandes verrières projettent dans l'édifice une vive lumière aux couleurs variées que les feux du soleil animaient dimanche d'un éclat tout céleste, et qui faisaient

rêver à cette Jérusalem étincelante d'or et de pierreries
où l'Eternel manifeste sa grandeur et sa gloire (1).

L'art a triomphé dans ces riches boiseries, dans ces
galeries à jour, dans ces lambris en chêne, sculptés avec
une habileté parfaite qui fait le plus grand honneur à nos
ouvriers honfleurais et qui leur a mérité les félicitations
de M. Sauvageot, architecte des Beaux-Arts, chargé de la
direction des travaux.

L'art a triomphé dans cette brillante décoration préparée
depuis plusieurs semaines par le zèle actif et ingénieux
des paroissiens et réa''s:e avec un goût qui faisait oublier
la partie vieille du monument. Ces banderolles aux fraîches
couleurs, ces guirlandes de feuillage semées de mille
fleurs et disposées en élégants festons, étaient du plus
merveilleux effet et nous aimions à nous rappeler les
splendeurs du temple de Salomon :

> Du Temple, orné partout de festons magnifiques,
> Le peuple saint en foule inondait les portiques.

---

(1) Voici la désignation des sujets représentés par les verrières
et les noms des donateurs :

Côté Sud :

Saint-Georges terrassant le dragon. — Son martyre. — M. le
comte d'Andigné et Mme de Pieffort.

Saint-Louis portant la couronne d'épines — Sainte-Véronique.
— M. et Mme Louis Goulley.

Sainte-Catherine devant les philosophes. — Son martyre. —
M. et Mme H. Sorel.

Saint-Etienne lapidé. — Saint-Exupère. — Anonymes.

Côté Nord :

Sainte-Sophie. — M le comte d'Andigné et Mme de Pieffort.

Saint-François de Sales prêchant les hérétiques. — M. Baille-
hache-Lamotte.

Saint-Joseph. — M. Hincelin.

L'Annonciation. — Mme E. Bailleul.

L'Assomption. — Anonyme.

Sainte-Anne. — Mme Lacroix.

S-Charles Borromée dans la peste de Milan. — M. et Mme Desmarais.

L'art a triomphé, enfin, dans cette riche harmonie des instruments et des voix, qui retrouvaient leurs puissants échos sous ces voûtes rajeunies, chantant elles-mêmes les souvenirs du passé et les joies du présent. Le *Credo* avait-il jamais ici retenti avec de pareils accents? Notre *Société Philharmonique* avait-elle jamais trouvé de meilleurs accords? Les cordes avaient-elles jamais mieux vibré sous l'archet de MM. Sauvagniac et Quettin? Quelle puissante mélodie dans l'*Ecce Panis*, l'*Ave Maria* et le *Tantum ergo* de M. Aumont.

Toutefois, ce serait peu de l'Art s'il lui manquait l'âme de la foi et de l'idée religieuse; et il nous trouverait froids et indifférents. Mais, grâce à Dieu, ce sentiment, nul ne l'a éprouvé dimanche. Au contraire, quel noble et saint enthousiasme! C'est que le triomphe de l'art s'inspirait du triomphe même de la foi et de la religion.

Oui, la foi a triomphé dans l'idée même qui avait inspiré la restauration de l'édifice à la gloire du Dieu tout-puissant. La foi a triomphé dans cet immense concours de fidèles qui se pressaient recueillis dans l'enceinte de l'église, insuffisante, malgré ses vastes proportions, pour contenir la multitude non-seulement des paroissiens de Sainte-Catherine, mais encore des fidèles de la ville entière et des campagnes environnantes. Qu'elles étaient belles, tes tentes, ô Jacob! Qu'ils étaient magnifiques, tes pavillons, ô Israël! Que de larmes de bonheur ont été essuyées dans le secret.

La foi a triomphé dans ces ardentes prières d'actions de grâces, dans ces ferventes communions faites pour remercier le Seigneur et pour demander la prolongation des jours du Pasteur bien-aimé, dans ce *Te Deum* chanté avec des accents nouveaux. Qu'il est beau, le spectacle de tout un peuple recueilli et priant au pied des autels où fume l'encens du sacrifice! Non, la foi n'est pas morte parmi nous; et si parfois elle semble sommeiller, il suffit d'un souffle de grâce pour en raminer le flambeau et lui rendre son triomphe.

Avec la foi, le cœur aussi a triomphé ; le cœur du Pasteur d'abord, heureux de retrouver, après une privation de plus de huit années, au jour de ses noces d'or, son église, nouvelle Jérusalem, descendue du Ciel, parée comme une épouse ; le cœur du Pasteur, heureux de contempler ses enfants et de pouvoir les embrasser dans une immense bénédiction. Avec quelle profonde émotion, s'adressant à Monseigneur l'Evêque, n'a-t-il pas uni au témoignage de sa vive reconnaissance l'expression de sa joie et de son bonheur ! Après avoir remercié Sa Grandeur, les Autorités de la Ville et tous ceux dont le zèle et la sympathie se manifestaient si hautement en ce jour, il a ajouté qu'il pouvait dès maintenant chanter son *Nunc dimittis*. Mais à Dieu ne plaise qu'il en soit ainsi ! Pasteur vénéré, vivez et triomphez longtemps encore ! Il faut que votre cœur jouisse du fruit de vos travaux et de vos peines.

Le cœur de Monseigneur a triomphé aussi. Il a triomphé de la joie du prêtre vénérable qu'il était venu fêter. Comme il l'a félicité du succès de son œuvre, de son zèle sacerdotal, de sa longue carrière si dignement employée à la gloire de Dieu et au salut des âmes ! Comme il a rendu hommage à son courage patient dans la difficile entreprise de la restauration de l'église, à son esprit de paix qui, partout où il a passé, a fait honorer le caractère et la mission du prêtre ! Enfin, quels vœux ardents n'a-t-il pas formés pour la prolongation des jours du Pasteur et pour sa conservation à son troupeau qui l'aime et l'estime !

Le cœur du clergé a triomphé dans cette fête de l'église et du sacerdoce, — le cœur du clergé paroissial heureux de célébrer un père vénéré dans les splendeurs du nouveau temple, — le cœur de tous ces prêtres accourus de loin pour unir leur joie à la nôtre et parmi lesquels nous avions l'honneur de compter M. l'abbé Goudier, archidiacre de Lisieux, M. l'abbé Jules Hugonin, chanoine, secrétaire-général de l'évêché, M. l'abbé Cottun, curé-doyen de Pont-l'Evêque.

Le cœur de la population entière enfin a triomphé. La population ! elle avait attendu cette double fête avec une légitime impatience ; elle l'avait préparée avec un zèle au-dessus de tout éloge ; elle l'a célébrée avec la joie la plus enthousiaste, avec une harmonie que n'a point troublée la moindre note discordante ; et elle a voulu en perpétuer le souvenir par de nombreuses et riches offrandes, dignes de ce grand jour et de son attachement à son Pasteur. Comme elle était la sincère expression des sentiments de tous les cœurs, cette inscription qui se détachait en lettres d'argent sur le fond bleu de l'une des oriflammes : *Vive notre pasteur et notre père !*

M. l'abbé E. Méric, docteur en théologie, professeur honoraire à la Sorbonne, a donné le sermon de la fête avec cette élévation de pensées, cette élégance de style, cette délicatesse et cette facilité d'expression qui sont le charme de ses discours. Assurément ses paroles ont trouvé une approbation unanime dans tous les cœurs, lorsque, après avoir montré le prêtre comme la lumière, la conso-lation et l'espérance du monde, il s'est écrié : « Quand je « traçais ce portrait, j'avais sous les yeux un modèle : « c'était votre pasteur, dont la science et la sagesse sont « connues de tous, — votre pasteur qui partout a porté la « consolation et la paix, étranger à tous les partis, — votre « pasteur dont le zèle a soutenu les malheureux et les « affligés par les espérances suprêmes de la religion. » — Oui, c'est de tout cœur aussi que M. l'abbé Méric a déve-loppé ces pensées.

Et maintenant vive à jamais ce souvenir dans tous les cœurs !

III.

ALLOCUTION DE M. LE CURÉ-DOYEN
Réponse de Monseigneur

Après la Bénédiction, M. le Curé de Sainte-Catherine
a adressé à Monseigneur l'allocution suivante :

MONSEIGNEUR,

Nous avons enfin l'honneur et la consolation de recevoir
votre Grandeur dans la partie restaurée de notre église,
après une privation de plus de huit ans.

Sans doute, Monseigneur, l'ensemble du monument n'a
pas encore atteint sa complète réparation, et, pour qu'il y
parvienne, il faudra bien des années et des dépenses
encore.

Nous sommes néanmoins heureux, Monseigneur, de
pouvoir remettre N. S. J. C. en possession de son temple
et de l'y offrir de nouveau à Dieu son Père, dans cette fête
anniversaire du grand jour où il daigna descendre du haut
des Cieux pour habiter parmi nous et s'offrit lui-même à
la Majesté divine pour être la victime et la rançon du
genre humain.

Nous nous réjouissons aussi du nombreux concours de
fidèles qui nous entourent et surtout de la présence de
M. le Maire, de Messieurs les Membres du Conseil Muni-
cipal et du Conseil de Fabrique, et de toutes les autres
personnes qui veulent bien nous donner cette marque de
leur sympathie et de leur affection.

Mais, Monseigneur, ce qui met le comble à notre
bonheur et à notre joie, c'est le bienveillant empresse-
ment avec lequel Votre Grandeur a daigné venir tout

exprès de Bayeux pour bénir non-seulement nos nouveaux sanctuaires, mais aussi les noces d'or du vieux Pasteur qui, lui aussi, comme autrefois le vieillard Siméon, semblait n'attendre que ce beau jour pour entonner son *Nunc dimittis* et pour se préparer mieux que jamais encore à mourir en paix, laissant à d'autres le soin de continuer et la gloire d'achever une œuvre qu'il s'estime heureux d'avoir pu amener au point, même imparfait, où elle se trouve, avec l'aide de Dieu et le concours de l'Etat, du Département, de la Ville et de la Fabrique, des paroissiens et des âmes généreuses, amies de Sainte-Catherine et de son curieux monument.

Béni soit donc, Monseigneur, Celui qui vient aujourd'hui répandre la joie dans toutes les âmes et nous rouvrir les portes de notre chère Eglise sur la terre, en attendant que l'Eglise du Ciel nous ouvre les siennes et nous introduise dans les Tabernacles éternels !

Benedictus qui venit in nomine Domini !

Monseigneur Hugonin a répondu à M. le Curé en lui exprimant à son tour le bonheur qu'il éprouvait de présider la double fête qui attirait un si nombreux concours de fidèles, et en le félicitant de son zèle sacerdotal, de sa longue carrière si dignement employée au bien des âmes et à la gloire de Dieu ; il a rendu hommage à son courage patient dans la difficile entreprise de la restauration de l'Eglise, à son esprit de paix qui, partout où il a passé, a fait estimer le caractère et la mission du prêtre. Enfin, il a fait des vœux pour la prolongation des jours du pasteur et pour sa conservation à son troupeau qui l'aime et l'estime.

IV.

DISCOURS

PRONONCÉ EN CHAIRE

Par M. le Chanoine Elie MÉRIC

Professeur honoraire à la Sorbonne

MONSEIGNEUR (1),

MES FRÈRES,

Aux premiers temps de la Monarchie Française, quand
nos aïeux, fils des barbares, qui avaient conquis les
Gaules, cherchaient encore les lois fondamentales des
sociétés humaines, les seigneurs construisaient des châ-
teaux fortifiés ; ils élevaient des murs d'enceinte et des
tours crénelées sur la crète sauvage, abandonnée, d'une
colline qui dominait au loin les défilés, les routes et les
vallées. Ces seigneurs sentaient gronder encore dans
leurs veines le vieux sang barbare ; ils descendaient de leurs
manoirs, bardés de fer, montés sur leurs grands chevaux
de bataille, toujours fiers et braves en face de la mort qui
semblait reculer devant leur courage ; ils guerroyaient sans
pitié ni trève à travers les chemins où régnait l'épouvante.

Mais tandis que les chevaux des hommes d'armes fou-
laient les moissons et écrasaient les vilains, quand les
murs crénelés dessinaient au loin leurs silhouettes sur les
hautes collines, de pauvres ouvriers, dont l'histoire n'a
jamais connu les noms vulgaires, élevaient aux pieds du
château, dans l'humble vallée, des églises consacrées au
Verbe incarné.

L'église, semblable à un arbre mystérieux, plon-

---

(1) Mgr Hugonin, évèque de Bayeux.

geait ses racines dans le sein de la terre ; elle étendait
ses bras protecteurs sur les pierres tombales des morts
dont elle avait béni la dernière heure, et sur les vivants
dont elle couvrait les chaumières ignorées ; elle élevait
bien haut vers le ciel ses flèches aériennes et ses croix
triomphantes pour rappeler à l'homme sa destinée et lui
indiquer le foyer de toute lumière.

Ainsi l'église et le château-fort exprimaient dans leurs
pierres les deux grandes puissances qui se disputent ou se
partagent la domination du monde : la force matérielle et
l'idée religieuse.

Depuis de longs siècles, avec les alternatives de
défaites et de victoires qui marquent les phases diverses
de la civilisation chrétienne, l'Europe assiste au même
spectacle et, dans les fières capitales comme dans les cités
les plus modestes, obéissant à la loi qui les domine,
les peuples construisent les places fortes et les camps
retranchés indispensables à la défense, à la sécurité d'un
pays, et ils élèvent des églises qui rappellent l'idée religieuse, à laquelle on se soumet, jamais au nom de la force,
toujours au nom de la conscience et par un acte méritoire
de la liberté.

Le prêtre, qui habite l'église avec le Verbe incarné, a
reçu la mission de répandre autour de lui, jusque dans
les hameaux et les bourgades les plus inconnues, cette
idée religieuse ; idée féconde qui renferme les principes
essentiels à la civilisation et à la prospérité, même tempo-
relle, des sociétés humaines ; idée nécessaire, dont la
violation prépare l'irréparable décadence des peuples qui
préfèrent les orages de la révolte à l'honneur d'une sou-
mission toujours glorieuse aux yeux de la postérité.

Voilà l'auguste mission du prêtre.

Il apporte et il répand autour de lui la vraie lumière.
Après avoir pris possession de ce globe terrestre par les

sciences naturelles, le savant, arrivé aux tristes et lan-
guissantes années de la vieillesse, s'arrête avec anxiété ;
il détourne un instant ses yeux du spectacle des choses
matérielles dont il a pénétré les mystères et découvert les
lois harmonieuses, et, frappé de la fragilité de la vie qui
présente une disproportion si grande entre ce qu'elle peut
donner et les espérances dont notre âme est pleine, il veut
connaître sa nature, son origine et sa destinée.

C'est le problème douloureux, vivant, éternel, qui s'im-
pose à l'homme depuis l'origine du monde, sous des formes
diverses, et qui domine tous les problèmes humains par
son importance souveraine et par son étendue.

Les sceptiques découragés l'écartent comme une vision
troublante et un fantôme incommode ; les présomptueux le
tranchent par la négation, mais du bout des lèvres, et par un
mensonge sans conviction car nous portons en nous-mêmes,
mes Frères, une foi inébranlable au lendemain de la mort
et à la réalité d'une autre vie.

Seul, dans le vaste naufrage qui fait disparaître les
créatures animées et inanimées, l'homme reste debout ;
il fait entendre, même à l'heure de la mort, un cri de
résurrection et d'espérance ; c'est le sublime défi de la vie
au néant et le salut du voyageur à la patrie nouvelle qui
s'ouvre devant lui.

Mais tandis que les savants et les philosophes nous
donnent des solutions incertaines sur la destinée humaine,
le prêtre répand sur ce problème des flots de lumière. Il
parle avec une clarté sereine, une autorité indiscutable,
une certitude qui va jusqu'au martyre, parce qu'il sent
bien que, malgré son indigne faiblesse, il est l'écho de
la parole infaillible de Dieu.

Le prêtre bénit et encourage le vrai progrès, c'est-à-dire
le développement harmonieux et constant des germes
déposés dans notre âme, par la Providence, aux premières

heures de notre existence. Les peuples qui ont banni l'idée
religieuse et étouffé le sentiment chrétien sont dominés
par l'horreur de la souffrance et par la passion des biens
de la terre ; ils cherchent avec une fiévreuse impatience,
dans des institutions économiques nouvelles et dans des
combinaisons financières d'une probité quelquefois dou-
teuse, le secret de se procurer les jouissances matérielles
et de combler dans l'âme le vide immense de l'absence de
Dieu ; ils estiment réaliser ainsi un grand progrès, et ils
ne voient pas qu'ils glissent sur la pente rapide d'une
décadence sans intervalles de gloire.

Au temps des derniers Césars, quand le soldat romain eut
perdu l'habitude de monter au Capitole pour invoquer ses
dieux, quand le luxe des peuples de l'Orient vaincus par les
aigles romaines eut envahi la demeure opulente des patri-
ciens, certes, la richesse était grande et la prospérité matérielle était à son apogée, et cependant, jamais Rome n'avait
été plus près de sa décadence ; les barbares, dont la robuste
poitrine ne craignait plus les traits des maîtres efféminés de
la terre, étaient déjà aux frontières, et le hennissement de
leurs chevaux de bataille allait bientôt troubler le silence
des rues de Rome. La décadence de l'Espagne, dans les
temps modernes, date de la conquête des trésors du Nouveau-
Monde. Le vrai progrès social n'est autre chose que le
développement matériel et intellectuel subordonné au développement moral et religieux.

C'est le prêtre qui nous rappelle les principes supérieurs
de religion, de dévouement, de générosité sans mesure, de
sacrifice, qui empêchent la richesse de corrompre les
peuples en tarissant la source des grands sentiments, et la
science de dévorer dans un fol orgueil les esprits qu'elle
doit éclairer.

Le prêtre apporte la paix à la terre : paix aux hommes
de bonne volonté ! Il passe à travers les foules divisées

par ces redoutables questions sociales du capital et du salaire, de la misère et de la richesse, de la propriété et du prolétariat, foules aujourd'hui frémissantes comme la mer aux approches des grandes tempêtes. Il passe en répétant des paroles d'apaisement, de conciliation et de pardon. Il va vers les familles séparées, hélas! par ces problèmes irritants qui font gronder jusqu'au foyer domestique les orages réservés autrefois au Forum et à la place publique. Libre des passions humaines, lui qui doit être l'homme de Dieu et de l'éternité, il cherche à désarmer les bras, à pacifier les cœurs, à rapprocher les âmes, en leur rappelant cette fraternité chrétienne et sublime que nous proclamons tous, dans cette invocation : Notre Père qui êtes aux cieux !

Seigneur ! exaucez la prière de vos prêtres ! Que les familles se rapprochent, que les frontières s'abaissent, et que tous les peuples de la terre saluent enfin l'avénement joyeux de la paix que vous avez promise à tous les hommes de bonne volonté !

Sa mission n'est pas finie : le prêtre donne la paix et il apporte aux âmes les suprêmes espérances. Vous l'avez vu entrer dans vos demeures, bénir la dernière heure de votre père, de votre mère, de votre sœur, de vos enfants, tempérer l'amertume des séparations éternelles par des espérances qui ne trompent pas, et entourer le cercueil de ceux que vous avez aimé de l'aurore sereine d'une nouvelle vie.

Vous tous qui m'entendez, vous aurez besoin un jour de ces espérances, à l'heure douloureuse de votre agonie. Qui que vous soyez, vous n'avez pas la prétention de nier la réalité de la vie future. N'entendez-vous pas tous les peuples de la terre depuis l'origine du monde, tous les philosophes dont les œuvres immortelles sont l'honneur de l'esprit humain, les hommes de génie dont l'Europe a toujours été fière, affirmer la réalité de notre immortalité ? Ne voyez-vous pas que la paix sociale est étroitement liée au dogme de la vie future, car les hommes qui ne craignent plus Dieu ne craignent pas le sabre de celui qui les gouverne, et vous ne pouvez pas souhaiter aux peuples civilisés de ressembler à la société païenne dominée par la force.

En ce temps-là, des milliers de vaincus, devenus esclaves, tremblaient sous le fouet du maître, en attendant l'heure des représailles sauvages et sanglantes. Non, ce n'est pas là votre idéal !

Il faut aux peuples, comme l'enseignent les plus nobles esprits et les impérissables leçons de l'histoire, il faut la conscience, la loi morale, la croyance à l'Être-Suprème et à la vie future, il lui faut enfin ces espérances fortifiantes que le prêtre seul peut donner au moment difficile où l'homme brise les derniers liens qui l'attachent à la terre et entre en tremblant dans les mystères de l'Eternité.

Voilà le prêtre dans l'unité et la simplicité de sa vie.

En traçant ce portrait, j'en avais sous les yeux le modèle, et je considérais le pasteur vénéré de cette paroisse qui célèbre enfin ses noces d'or dans l'église restaurée où il retrouve à la fois l'expression élevée de la pensée d'un artiste distingué et le témoignage filial de la générosité sans mesure de tous ses enfants (1). En lui confiant l'administration de cette paroisse, l'Evèque bien aimé qui possède avec une égale précision la connaissance des hommes et la science des grandes lois sociales, répondait à votre attente légitime et à vos besoins.

Pendant les dix-sept années qui viennent de s'écouler, dans les difficultés et les vicissitudes les plus diverses de

---

(1) M. l'abbé Dallibert, curé-doyen de Sainte-Catherine.

la fortune inconstante, malgré les sévérités douloureuses
de l'âge, votre vénéré pasteur n'a jamais cessé de répandre
la lumière dans les intelligences de bonne foi, de favoriser
le progrès moral et religieux, de consoler vos frères, vos
sœurs, vos enfants, de prêcher la paix avec l'insistance
tranquille et désintéressée d'un esprit étranger et supérieur
à tous les partis.

Il a fait aimer le prêtre partout où il a passé, jetant
des semences fécondes, répétant des paroles salutaires
et lumineuses, dirigeant les âmes avec l'austère délicatesse
d'une vertu qui défie le doute, et le silence discret d'un
homme digne de recevoir toutes les confidences, parce qu'il
est toujours sûr de les éclairer et toujours incapable de
les dévoiler.

Aussi tous vos enfants sont venus aujourd'hui pour
célébrer avec vous, dans l'intimité cordiale de la famille,
vos noces d'or et votre entrée dans l'église restaurée.

Que dis-je, vos enfants? Les morts sont plus près de nous
que les vivants. Il me semble que les saints prêtres qui
vous ont précédé depuis des siècles dans l'administration
de cette paroisse et les générations de fidèles qui ont prié
sous ces voûtes pleines de souvenirs, se lèvent aujourd'hui
de leurs tombes, se réjouissent avec nous de l'hommage
rendu à Dieu par une population reconnaissante, et avec
nous ils vous disent encore :

Puissiez-vous, pendant des années, bénir les berceaux
des enfants qui seront l'honneur de l'église et de cette
cité, bénir les tombes où reposent ceux qui ont connu et
souffert les rudes fatigues de la vie, ramener et consoler ceux
qui pleurent loin du chemin de la vérité, et laisser ici-bas la
mémoire vénérée d'un prêtre qui a mérité l'estime, le
respect, la sympathie de tous, parce qu'il n'a jamais été
l'esclave d'un parti et qu'il s'est toujours montré le servi-
teur de Dieu.

Imprimerie Adrien SATIE — Honfleur